A aventura do teatro

Maria Clara Machado

A aventura do teatro

12ª edição

JOSÉ OLYMPIO
EDITORA
Rio de Janeiro, 2011

Reservam-se os direitos desta edição à
EDITORA JOSÉ OLYMPIO LTDA.
Rua Argentina, 171 – 3º andar – São Cristóvão
20921-380 – Rio de Janeiro, RJ – República Federativa do Brasil
Tel.: (21) 2585-2060
Printed in Brazil / Impresso no Brasil

Atendimento direto ao leitor:
mdireto@record.com.br
Tel.: (21) 2585-2002

ISBN 978-85-03-01091-7

Ilustrações: IVAN ZIGG e MARCELLO ARAÚJO

Livro revisado segundo o novo Acordo Ortográfico da Língua Portuguesa.

CIP-BRASIL. CATALOGAÇÃO-NA-FONTE
SINDICATO NACIONAL DOS EDITORES DE LIVROS, RJ

Machado, Maria Clara, 1921-2001
M129a A aventura do teatro / Maria Clara Machado; [ilustrações Ivan
12.ed. Zigg e Marcello Araújo]. – 12.ed. – Rio de Janeiro: José Olympio, 2011.
il. color. ; 19cm

ISBN 978-85-03-01091-7

1. Teatro - Literatura infantojuvenil. I. Título.

CDD: 792.0226
11-2774 CDU: 792.9-053.2

Sumário

A aventura
do teatro

A história

OUTRO DIA, ME perguntaram:

— De onde é que você tira todas estas histórias que escreve?

Respondi:

— Tiro da minha cabeça.

— Então, é só tirar a ideia da cabeça e pronto?

— Pronto, nada, disse eu, aí é que a coisa começa a ficar difícil. Primeiro, a gente tem que aprender a escrever bem o português. Depois, temos que botar a ideia nas frases. Estas têm que ser entendidas por todo o mundo.

— Então, todo o mundo que tem ideias pode escrever histórias?

— Bem, disse, poder pode, mas é preciso que tenha outras coisas, além disso. Por exemplo, é preciso saber botar a história no estilo ou jeito (cada escritor tem o seu) que os outros gostem e compreendam. Em seguida, é preciso transformar a ideia em história, escrita ou representada.

— E isto é difícil?

— É trabalhoso. A gente tem que suar um pouco. Um escritor famoso americano disse uma vez que, para se escrever era preciso 100 por cento de talento e 100 por cento de suor. Ele quis dizer com isso que não era só o talento, isto é, a ideia na cabeça, que fazia um bom escritor, mas que também era preciso uma dose muito grande de esforço.

Como vocês veem, tudo o que é bom para se realizar exige muito trabalho e dedicação, até mesmo botar no papel uma boa ideia.

A peça de teatro

As HISTÓRIAS PASSADAS no teatro são chamadas peças de teatro e o lugar onde se passam estas histórias chama-se palco. Para haver teatro é preciso uma história, alguns atores para representar e um palco. O palco pode ser daqueles que se veem comumente nos teatros com cortina e cenários e pode ser também qualquer lugar onde haja espaço para se representar. Uma sala grande ou um tablado armado no meio de um terreno, tudo isto pode servir para se representar uma peça.

"Como é que se começa a fazer uma peça de teatro?'

Depois que ela foi escrita pelo dramaturgo (escritor de peças de teatro) o diretor da peça reúne os atores para distribuir os papéis. Então ele escolhe os atores e atrizes que vão representar a peça. Aí começa um trabalho muito difícil. É o estudo da história pelo diretor e pelos atores para se entender o que a história quer contar. Todos se sentam em volta de uma mesa, cada um com um texto na mão e começam a ler seus papéis enquanto o diretor vai descobrindo a significação de tudo.

"E ele sabe a significação de tudo?"

Bem, ele tem mais experiência que os atores e procura, ouvindo a história, descobrir por que um personagem (personagens são as pessoas da peça) faz isto ou aquilo. Por exemplo: se um personagem chamado João diz para a sua irmã que se chama Maria "Vamos fugir de casa" o diretor e os atores têm que descobrir se João está brincando, se está falando sério, se quer mesmo fugir porque está infeliz etc. Só depois de descobrir estas coisas é que os atores começam a se movimentar. Depois de estudar o texto, então, eles vão para o palco.

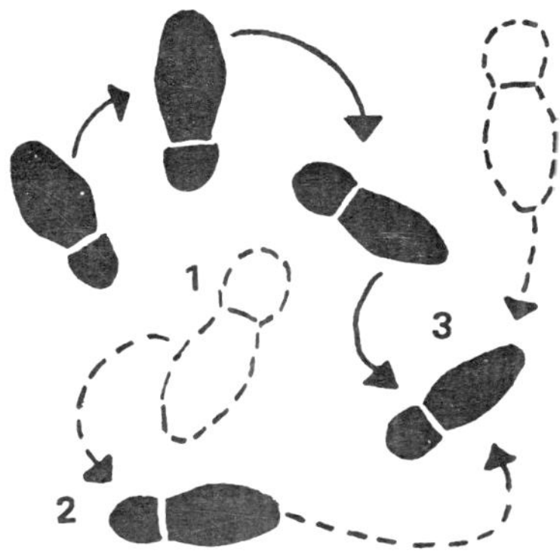

A marcação

Os ATORES ACABAM de estudar o texto (a peça escrita) e agora vão decorá-lo para que ele se transforme em teatro, isto é, a peça falada e representada no palco. Chegou a hora da marcação.

Mas ainda falta muita coisa. Teatro é uma arte que necessita de muito esforço, muita dedicação e muito trabalho.

"Então por que fazer teatro?"

Porque é bom e porque eu gosto. Se você gosta de sua profissão, as coisas difíceis ficam muito mais fáceis de se fazer. Mas vamos voltar ao teatro. Marcar a peça quer dizer botar os atores andando pela cena. Às vezes vocês vão a um teatro e pensam que cada ator anda por onde quer. Tudo parece muito natural e fácil. No entanto, para parecer muito natural o andar de cada um e sua colocação na cena, o diretor e os atores tiveram que suar muito. Tiveram que ensaiar durante meses.

Primeiro, ainda com o papel na mão, porque o texto ainda não está bem-decorado, os atores começam a descobrir os lugares por onde terão que se movimentar e o diretor vai dando as sugestões de acordo com a história. Por exemplo: se João e Maria estão fazendo uma cena juntos (contracenar), o diretor procura a melhor maneira de mostrar ao público o que eles estão sentindo. O diretor diz:

— Maria, anda até a direita e fica de costas esperando a chegada de João. É preciso que você finja que não sabe que ele vai chegar.

"Por que fingir?"

Porque teatro é uma espécie de fingimento. João e Maria estão fingindo que são pessoas diferentes deles mesmos. Eles não se chamam Pedro ou Lúcia? Portanto, Maria tem que fingir que está fingindo. Complicado, hem?

Bem, continuando a cena entre João e Maria, o diretor explica: "Maria está de costas e, quando João entra, ela se vira e diz: — Você, aqui? Quando Maria disser isto João anda até a esquerda e senta no sofá..."

Bem, como vocês viram, o diretor tem que "marcar" cada passo dos atores e ainda tem que "marcar" um tempo de espera entre as frases. Tudo isto escrito parece meio complicado, mas é só para vocês terem uma ideia de como se "monta" uma peça de teatro.

O ator

A COISA MAIS importante do teatro é o ator. O escritor de teatro tem uma ideia na cabeça. Ele escreve uma peça. Esta peça tem que ser contada no palco, pois é só no palco que a história de teatro pode viver.

O compositor que escreve uma música precisa de um instrumento para poder comunicá-la. Pode usar vários instrumentos e um intérprete. No teatro, o intérprete e o instrumento são a mesma coisa: o ator. Como o instrumento do músico tem que ser afinado para comunicar o melhor possível a melodia do compositor, também o instrumento do teatro, o ator, tem que ser afinado para melhor comunicar o que o dramaturgo (lembram-se desse nome pomposo?) quer dizer para o público, ou melhor, para o mundo. Quanto melhor for o ator, mais claramente a ideia do escritor é compreendida. Então, o ator é aquele que vive num palco as ideias de um autor (escritor).

Vejam como as coisas estão ficando mais difíceis. Não basta ter um corpo que sabe andar e falar para ser um ator. É preciso também usar esse corpo e essa voz. Muita gente pensa que basta decorar um papel de uma peça, subir num palco e despejar as palavras em cima do público para se fazer teatro.

Isto é uma pena. Porque a pessoa fica muito infeliz quando vai ao teatro para se emocionar, para sentir alegria e tristeza, para ver e sentir a vida, para conhecer as ideias de um autor e encontra atores que parecem papagaios em cena e às vezes papagaios que não sabem nem falar e se movimentar.

É tão importante o papel de um ator no teatro que para bem-formá-lo existem escolas e academias espalhadas no mundo todo.

Aprender a falar

O ATOR COMUNICA o texto do autor ao público pela sua expressão. Ele se exprime pela voz, pelos movimentos e pela sensibilidade.

Antes de continuar a nossa conversa sobre as qualidades do ator, quero fazer uma pequena pausa para dizer que existe também a brincadeira de teatro que todos vocês podem fazer. Um grupo de amigos se reúne e começa a estudar uma peça. E podem até fazer roupas, pintar cenários, decorar texto e representar. É muito divertido e útil. Às vezes é brincando que a gente descobre que quer transformar aquela brincadeira em coisa séria, em profissão. Qualquer pessoa ou grupo pode brincar de teatro. A brincadeira pode durar um dia, uma semana, ou meses, e é claro que quanto mais a sério ela for feita. melhores serão os resultados. Outra coisa boa de se fazer é inventar histórias e depois representar. Qualquer história pode ser representada, desde que o grupo saiba imaginar bastante. No final deste livrinho mostro algumas histórias para vocês representarem e fazerem um teatrinho em casa.

Isto tudo que eu escrevi é para vocês verem que para se brincar de teatro não é preciso entrar para uma escola de atores, mas que, mesmo para se brincar de teatro, é bom saber como é que se faz teatro de verdade.

Saber falar bem é uma coisa muito difícil. Vocês repararam que têm professores que sabem muito a matéria, são muito sérios, mas não sabem falar direito? Então a aula fica chata, dá sono, dá vontade de conversar, de sair da sala. Às vezes o defeito deste professor é não saber transmitir o que ele sabe aos alunos. Sua voz é monótona, ele engole as letras finais, enfim ele precisa de uma boa aula de *dicção*. Dicção é a arte de saber falar direito. Existe também a palavra impostação. Tudo isto o ator tem que aprender para que possa dizer bem o seu texto. Mas antes dele falar ele tem que saber dominar o seu corpo. Mesmo se ele tem uma voz muito muito boa e naturalmente impostada às vezes só porque ele está nervoso, com medo, sua voz treme ou fica estrangulada na garganta. Ele precisa então aprender a relaxar, a dominar seus gestos e suas ações.

O corpo

NA PÁGINA ANTERIOR falamos sobre a voz do ator. A voz, como vimos, é muito importante, mas ainda não é tudo que o ator precisa para ser um bom ator. Ele precisa também saber transmitir o seu papel pela expressão do corpo, pelos gestos. Falei que o ator precisa aprender a relaxar, a dominar seus gestos e ações. Vocês devem estar achando estranho uma pessoa ter que relaxar para representar bem. Vou explicar: se o ator está tenso, isto é, cheio de medo, envergonhado ou preocupado em não esquecer o papel, ele não consegue nem dizer direito as suas falas nem se movimentar na marcação. Ele fica plantado no chão dizendo seu papel como um papagaio e acaba estragando tudo. Para que isto não aconteça, ele precisa saber se controlar para usar melhor seu corpo e suas emoções. Um nadador não precisa treinar bastante para entrar numa competição? Não precisa exercitar seu corpo para cada dia do treino nadar com mais velocidade e classe? É isto que o ator tem que fazer: exercitar seu corpo e suas emoções para que cada dia possa representar com mais desembaraço e naturalidade.

As emoções não podem ser representadas de qualquer maneira. Para que o ator sinta alguma coisa quando está representando, é preciso primeiro que ele esteja calmo, isto é, relaxado, sem tensões, para que o sentimento que ele for representar pareça verdadeiro.

Exercício para aprender a relaxar

EXISTEM VÁRIOS EXERCÍCIOS para se aprender a relaxar. O NASCIMENTO DA ÁRVORE é um deles. Você finge que é uma sementinha e deita no chão como mostra o desenho 1. Depois começa a respirar calmamente e sempre respirando vai crescendo como uma pequena árvore. A respiração é essencial. Depois que a sementinha saiu da terra então ela começa a crescer (desenho 2). A sua coluna vertebral é o caule que vai sustentar a árvore. Os braços são os galhos. Sempre respirando profundamente, e de olhos fechados para não perder a concentração, a árvore vai crescendo até ficar uma arvore adulta (desenho 3).

Depois ela vai murchando, murchando, até virar de novo semente. Como vocês viram, a árvore passou por todas as etapas da vida. Ela foi pequena como uma criança, depois ficou um arbusto como um adolescente, depois grande como um adulto; deu frutos e ficou velha, morreu, e tornou a virar semente para dar novos frutos.

Este é um exercício muito bom para se aprender a relaxar o corpo e a se concentrar. Existe uma porção de exercícios que os alunos-atores fazem para educar a sensibilidade. Isto parece esquisito, não é? Educar a sensibilidade. Mas podem ficar certos de que sem educar a voz, os gestos e a sensibilidade não há ator. Ninguém nasce sabendo. Até as criancinhas quando nascem têm que aprender a falar, a andar, a viver. Para isto elas têm que aprender algumas regras.

Sensibilidade

VAMOS CONTINUAR A preparar o aluno para ser um ator. Estamos tentando afinar seu corpo e sua sensibilidade como se afina um piano para ser bem-tocado. Falei sobre a sensibilidade. O que é a sensibilidade? Às vezes as pessoas falam: João tem muita sensibilidade, ou então, Maria não tem nenhuma sensibilidade. O que é isto? Sensibilidade é sentir as coisas. É ver uma coisa bonita e se emocionar. É ouvir uma história e ficar triste ou alegre. É sentir amor, raiva, pena, inveja, vontade de abraçar, de ser abraçado, de chorar. Tudo isto é ser sensível. Quem é que não é sensível? Não é assim que você está pensando?

Às vezes a gente é tão sensível que chora à toa, ou ri à toa, ou fica com raiva por uma bobagem. Ou então a gente não é nada sensível e não sabe apreciar nada. Vê uma coisa bonita e fica na mesma, ouve uma música e não acha nada, ouve uma história e abre a boca de sono. O que é melhor? Claro que o melhor é sentir as coisas. Porque somente sentindo as coisas a gente aprende a ser feliz. E a vida está aí convidando todo mundo a descobri-la. Para descobrir as coisas da vida a gente tem que ter sensibilidade. Tem que perceber as coisas. Mas, vocês podem estar pensando, o que tem isto a ver com o ator?

O ator não é um artista? Artista não é aquele que percebe as coisas da vida e transmite aos outros? Pois é isto. O ator é aquele artista que aprendeu a mostrar aos outros, através do teatro, uma maneira de ver a vida. É uma grande responsabilidade.

Mostrar ao público a vida. Se todo mundo, para viver feliz, tem que ter sensibilidade, quanto mais o ator, vocês não acham? Ele deve ter ainda mais sensibilidade que os outros. Porque ele tem que representar no palco muitas emoções.

Falei sobre educação da sensibilidade. Por que tem que se educar a sensibilidade? Ou se tem ou não tem, não é? A verdade é que todo o mundo tem sensibilidade. O que acontece quase sempre é que ela é mal-educada. Ou então não está desenvolvida. Se o ator tem que representar no palco uma porção de sentimentos, tem que primeiro conhecer esses sentimentos. Para conhecer os sentimentos, ele faz exercícios de sentir. Por exemplo: o professor diz para o aluno-ator: sinta-se à beira de uma fogueira e sinta frio, depois sinta que o calor da fogueira o está esquentando. Isto tudo sem fogueira, é claro. O ator tem então que primeiro imaginar que está sentado à beira de um fogo e depois imaginar que está sentindo calor. Como vocês estão vendo, já começamos os exercícios de sentir.

Imaginação

ACHO QUE NÃO há ninguém que não saiba o que é imaginação. Quem é que não fica pensando às vezes que é um aviador, ou um artista de televisão, ou mesmo um herói de historinha? Quem é que nunca pensou em viagens, em lutas, em namorados ou namoradas? Em cenas de amor? Isto tudo é fabricado pela nossa imaginação. A nossa imaginação é uma coisa maravilhosa. Ela nos ajuda a viver. Ela viaja conosco por toda a parte. Com ela o menino pobre anda nos lugares muito longe sem gastar um centavo. Com ela os artistas inventam histórias, com ela todo mundo descansa um pouco da realidade para passear por todos os recantos da vida. Mas não é só isto o que podemos fazer com nossa imaginação. Ela também nos ajuda a resolver uma porção de problemas.

Ela enriquece nossa vida criando soluções novas para coisas que a gente não sabia resolver. Quer um exemplo? Um menino que não pode comprar muitos brinquedos transforma caixas, vidros, tampinhas, trapos, em toda espécie de brinquedos. Quem inventa os brinquedos é a imaginação. E as histórias engraçadas dos cômicos de cinema? Como é que eles inventam? Carlitos é um grande ator porque tem uma imaginação maravilhosa. Ele observa a vida e depois imagina uma porção de situações engraçadas ou tristes para comover o público. Os alunos-atores também fazem exercícios de imaginação.

Com a imaginação tudo pode se transformar numa história. Por exemplo, eu digo a vocês: inventem ou criem uma história sobre um cachorro e um menino. Sobre um cachorro e um menino podem surgir várias coisas:

1º) Você pode fazer um desenho de um cachorro com um menino. Este desenho pode ter várias maneiras, dependendo da imaginação do autor.

2º) Você pode escrever uma história, que pode ser alegre, triste, engraçada, dependendo do que você está sentindo na hora de escrever a história.

3º) Você pode representar uma história com um cachorro e um menino.

E é isto que os atores fazem para treinar sua imaginação. As histórias podem ser simples ou complicadas. É sempre bom fazer com alguns companheiros.

Vamos criar uma história? Eu vou fazer uma e depois vocês criam outra. Vamos fazer uma história para ser representada: Um menino está estudando em seu quarto. Entra o cachorro (que pode ser representado por outro menino ou menina) e começa a latir. O menino quer estudar e manda o cachorro calar a boca. O cachorro insiste. O menino fica irritado e bate no cachorro. Mesmo apanhando, o cachorro continua a latir e a correr para a janela. O menino finalmente resolve ir até a janela. Quando olha, vê que o cachorro queria mostrar que um ladrão estava invadindo a casa ou que um incêndio estava começando na garagem. O menino corre e chama seus pais e depois volta para agradecer a seu cachorro ao mesmo tempo que lhe pede desculpas por tê-lo maltratado injustamente.

Exercícios de imaginação

Qualquer história pode ser dramatizada. Depende da imaginação dos atores. É a prática de representar que vai ser a melhor escola do futuro ator. A seguir, dou algumas histórias fáceis só para vocês começarem a brincar de teatro. E brincando vocês estarão realmente aprendendo a ser ator. As palavras desses exercícios devem ser improvisadas na hora da representação. Representando estas histórias, vocês estarão educando a sensibilidade, desenvolvendo a imaginação, se divertindo muito e começando a aprender a fazer teatro.

Não se esqueçam da disciplina. Mesmo numa brincadeira de teatro é preciso disciplina, senão ninguém conseguirá fazer nada. Não é assim também numa partida de futebol? Ou num jogo qualquer?

Os exercícios podem ser feitos com roupas especiais, com cenário e com música ou sonoplastia. A imaginação dos participantes dos exercícios pode voar para onde quiser.

Por isto mesmo é que é maravilhoso o jogo do teatro. Dá oportunidade para criarmos tantas coisas quanto nossa imaginação inventar. E não se inventa só na história. Inventa-se também na música, na sonoplastia, no cenário, nas vestimentas.

Depois de praticar estes exercícios vocês serão capazes de inventar muitas outras histórias.

Texto 1 — **O fantasma**

Num quarto escuro, meninos brincando de fantasmas. No meio da brincadeira, ouve-se um barulho vindo de fora. O medo torna-se real. Tomam coragem e se escondem. Entra um ladrão e começa a roubar. Os meninos observam e resolvem gozar o ladrão — fazem barulho, aparecem vestidos de fantasmas e o ladrão se apavora e foge.

Texto 2 — **O boletim**

Dois alunos esperam o resultado das provas. Quando chega o boletim e é preso na parede, eles verificam que um passou e o outro não. Olham um para o outro. O feliz estudante que passou, num movimento de solidariedade, abraça o companheiro com amizade.

Texto 3 — **A pescaria**

Três pessoas saem de barco para pescar. Arma-se uma tempestade, tentam remar para a praia (mímica de pescaria — mímica de remar). Ansiedade. Reação, segundo o temperamento de cada um. O mais corajoso pede calma, outro reza, outro chora. Finalmente veem ao longe um barco maior que se aproxima. Alegria!

Texto 4 — **O espantalho**

Toda noite um ladrão roubava a plantação da família. Os meninos resolvem descobrir quem é. Colocam-se no lugar do espantalho. Quando o ladrão chega, começa a fazer barulho e é agarrado pelos espantalhos, o que amedronta o ladrão que acaba sendo preso pelos meninos.

Texto 5 — **Mau juízo**

Pedro chega com um lindo peixinho e põe em cima da mesa no centro da sala. Olha o peixinho com admiração. Sai. Chega Mimi, o gato. Rouba o peixe e foge. Volta Pedro com um amigo, João, para mostrar seu brinquedo. Vê que o peixinho desapareceu. Furioso acusa João de ter roubado. João, ofendido, sai. Pedro, vendo um saco, esconde-se dentro para pegar João em flagrante. Volta João, e vendo o saco, acha que é um ladrão. Volta e traz um pau para atacar o ladrão. Gritos dentro do saco. Pedro sai e se explica. Pede perdão por haver feito mau juízo. Ambos se escondem e pegam o gato que volta.

Texto 6 — **O vadio**

Pedro não quer ir à escola. Diz que vai enganar a mãe, que o vem chamar. Finge que está com tremenda dor de barriga. Começa a chorar. A mãe desesperada chama o médico por telefone. Pedro se assusta. Tem medo do médico. Este chega. Examina o falso doente, que diz estar sofrendo muito. O médico diz que já sabe o remédio. Chama a mãe à parte, conversa baixo e volta dizendo que o doente tem que ficar um mês sem sair da cama. Pedro chora. Pede perdão e diz que nunca mais mentirá nem faltará à escola. Sai correndo.

Texto 7 — **O milagre**

Um casal pobre não tinha tempo de arrumar a casa. Os dois filhos, fingindo-se de fadas, resolvem arrumar tudo durante a noite. Quando os pais acordam, não sabem quem trabalhou e acham que é um milagre. No dia seguinte, a mesma coisa. Na terceira vez, os pais resolvem ficar de vigília para ver quem eram os anjos que os ajudavam. Quando descobrem que são seus próprios filhos ficam muito alegres.

Texto 8 — **O curioso**

João chega com um embrulho. Pedro pergunta o que tem dentro. João diz que não pode dizer, pois a mãe pediu que não o abrisse. Era para a vovó. Pedro insiste, mas João torna a negar. Pedro, furioso, promete vingar-se. Sai. João resolve dar uma lição no amigo, pregando-lhe um susto. Traz um embrulho igualzinho ao outro e deixa em cima da mesa. Esconde-se. Pedro volta pé ante pé. Vê o embrulho e fica contente. Aparece João que pede a Pedro para tomar conta do embrulho, enquanto ele sai por um instante. Pedro corre e abre o embrulho. Dele sai uma cobra. Pedro desmaia de susto. João chega e dá uma gargalhada.

A produção de um espetáculo

O QUE É A produção em teatro?

Depois que a peça foi ensaiada, marcada, estudada, vamos tratar do espetáculo. Vamos tratar de preparar a peça para ser mostrada ao público.

Os espetáculos profissionais têm para dirigi-lo um diretor e para mostrá-lo ao público um produtor. O produtor profissional é uma espécie de diretor de empresa. Ele cuida de contratar os atores, diretores, iluminadores, cenógrafos, figurinistas, maquinistas, músicos, coreógrafos, porteiros, bilheteiros etc. etc.

Como veem, um espetáculo profissional requer muita capacidade para ser feito sem prejuízo, pois um produtor precisa de muito dinheiro para pagar toda esta gente especializada. Aí o jogo do teatro deixa de ser uma simples brincadeira para se transformar num empreendimento bem mais complicado. Mas aqui não estamos tratando de espetáculos profissionais, mas sim de espetáculos amadores, que servem para despertar naqueles que participam a vontade de fazer teatro profissional ou se divertir e aprender. No espetáculo amador, geralmente, o próprio diretor é o produtor da peça. Vamos então começar a enumerar o que o diretor precisa cuidar depois que a peça foi ensaiada. Quais são as principais atribuições do diretor-produtor?

1. Colocar a peça no ambiente pedido pelo autor — o palco e o cenário.
2. Vestir a peça.
3. Musicar a peça.
4. Iluminar a peça.
5. Vender a peça ou apenas transmiti-la ao público: estrear.

É preciso dizer ainda que mesmo um espetáculo amador requer algum dinheiro. A não ser que o espetáculo que vamos fazer não passe realmente de uma improvisação, onde os cenários, a luz, as roupas sejam apenas improvisados com cortinas velhas, roupas emprestadas e armadas com velhos panos, sacos, papel pintado etc. Esta é, aliás, a melhor maneira de se desenvolver a imaginação. A falta de dinheiro é uma grande professora de imaginação. Saber aproveitar o material disponível é uma arte que todo futuro homem de teatro deve aprender.

É bom ter um baú cheio de roupas velhas, chapéus, bengalas, máscaras, cortinas, enfim, tudo o que possa servir e ser transformado e usado num jogo dramático. Neste caso, o produtor-diretor deve saber escolher com os atores o material a ser usado. Se o grupo precisa de algum dinheiro, e isto é quase sempre indispensável, o melhor é fazer uma coleta entre todos e com o resultado fazer uma caixinha de teatro. Às vezes, mesmo transformando coisas velhas em material de cena, é necessário comprar tintas, pregos, compensado, alguma fazenda, agulha, linha etc. Muitos grupos de teatro que iniciam gostam de pedir emprestado cenários, figurinos, refletores. Se conseguirem, está muito bem. Mas é muito melhor poder construir tudo que for relacionado com a peça. O fato de os próprios atores fabricarem seu material torna o empreendimento muito mais fascinante e instrutivo, sem falar no desenvolvimento da imaginação e no aprendizado técnico.

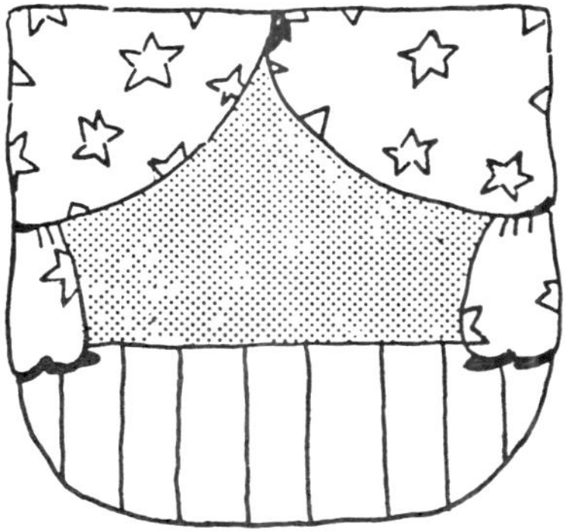

O palco — O cenário

COMO DISSE NO início deste livrinho, o palco é qualquer lugar onde haja espaço para se representar. Uma sala grande, um tablado armado no meio de um terreno, um circo ou um teatro; o importante é, pois, o espaço, que podemos chamar de espaço cênico.

O elemento principal de uma representação teatral é o ator, daí terem importância menor os cenários, os figurinos, a música etc. Uma peça pode ser representada sem nenhum cenário, numa sala, num jardim, numa arena, num caminhão, portanto, o cenário não é o elemento indispensável. Uns tempos atrás, as pessoas de teatro achavam que era indispensável fazer cenários que copiassem direitinho os lugares onde se passavam as histórias, então as cenas tinham que representar ora um palácio, ora uma floresta, ora uma sala, ora um quarto. Esses cenários que copiavam direitinho os ambientes reais são chamados de cenários realistas, e, às vezes, eles eram pintados em grandes telões que caíam do urdimento do teatro. Hoje em dia as pessoas de teatro acreditam mais na imaginação do espectador e os cenários muitas vezes são feitos apenas por alguns elementos que são postos na cena para sugerir o ambiente onde a peça é vivida. Por exemplo: se você quer mostrar que a peça se passa numa praça, você pode botar na cena apenas uma árvore e um banco, deixando que o espectador imagine o resto. Isso torna a produção do espetáculo muito mais barata, dando também ao criador do cenário oportunidade para desenvolver sua imaginação. Os japoneses são mestres nessa maneira de criar um cenário. Se tinham que criar um rio, bastava um cartaz trazido à cena com a palavra "rio" escrita para sugerir o ambiente da cena a ser representada. A função do cenógrafo (o criador do cenário) não é copiar a natureza, mas mostrar no palco uma maneira própria de ver a natureza e a vida. É um ótimo exercício para a imaginação inventar cenários.

Com folhas de jornal coladas em algodãozinho, caixotes, caixas de papelão, alguns pregos e tinta, o futuro cenógrafo pode criar, com um pouco de imaginação e trabalho, qualquer cenário.

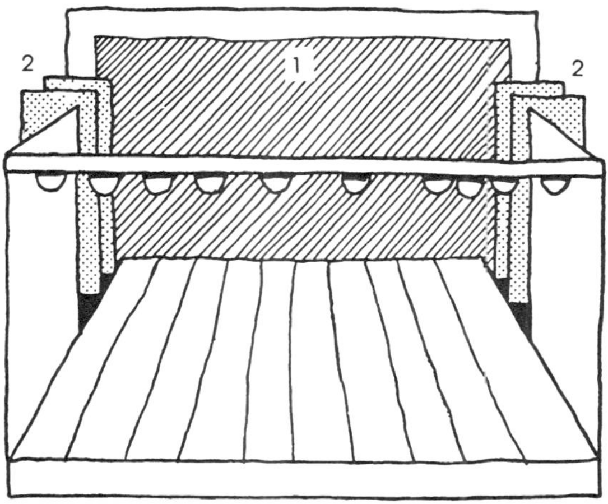

No desenho acima poderão ver como é feito um palco clássico (à italiana). Se este palco é vestido com uma rotunda preta, pernas ou rompimentos pretos, ele já está preparado para receber qualquer espécie de espetáculo, desde um concerto de violão, de piano, até uma peça de Shakespeare.

Os figurinos

UMA DAS MAIORES dificuldades que encontra aquele que quer vestir uma peça de teatro é o desconhecimento dos trajes da época. Por exemplo, se vamos fazer uma comédia de Martins Pena, que viveu no fim do século XIX, os personagens devem ter roupas da época. Para descobrirmos o feitio dessas roupas temos que aprender a pesquisar. Existem muitos livros sobre figurinos de épocas e a maneira de fazê-los. Portanto, o novo figurinista terá de aprender a procurar nos livros a maneira como se vestiam os seus personagens. Só depois de conhecer os hábitos, o gosto e a maneira de se vestir de cada época é que o figurinista poderá partir para uma criação própria. Aí então ele pode inventar, transformar, misturar, criticar, como quiser. É neste momento que as pessoas que querem fazer teatro devem estudar um pouco da história do teatro e da história da civilização para terem uma base para sua própria invenção. O material usado para a confecção dos trajes de teatro pode ser o mais simples possível. Algodãozinho, sacos de aniagem tingidos de todas as cores, cortinas velhas, tudo pode servir para a cena. E, mais uma vez, é a imaginação do figurinista que vai dar vida a todo esse material.

A iluminação

Os CENÁRIOS, os figurinos, a iluminação e a música são elementos que ajudam o diretor a criar o clima da peça. Se o ator pode sozinho num palco nu criar uma peça somente através de seu corpo e de sua sensibilidade, esses elementos ajudam enormemente o diretor do espetáculo a criar este clima. O espetáculo de teatro é iluminado por meio de refletores e de lâmpadas colocadas em varetas. Refletores são aparelhos muito caros, mas podem ser construídos alguns substitutos de refletores por meio de latas onde são colocadas lâmpadas. Para se criar um clima na peça é bom que, de vez em quando, a luz tenha uma tonalidade diferente.

Primeiro vamos explicar o que é clima. A gente não fala de clima frio, clima quente, para designar as diferenças de clima numa cidade? Pois bem, existe um clima

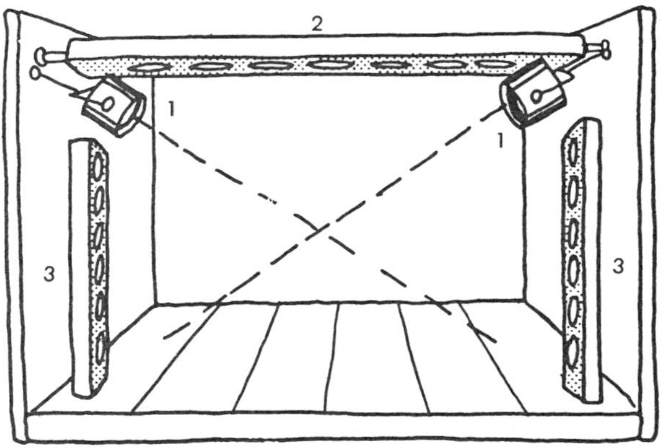

emocional, isto é, uma sensação dada pelo ambiente. Existe, pois, um clima de terror, um clima de alegria, de guerra, de aflição etc. Para criar estes climas psicológicos o diretor usa a luz. Não se costuma dizer que uma luz de fogueira dá uma sensação de conforto, de paz e bem-estar? O vermelho de uma lâmpada não dá a sensação de mistério, de qualquer coisa proibida, ou de luta? Assim, o verde pode dar também mistério; o azul, a noite e o romantismo; o rosa, a alegria e a beleza etc. O diretor, ao iluminar a cena, procura transmitir ao público várias sensações diferentes. Para se dar cores numa iluminação usa-se a gelatina colorida ou o papel celofane, que é mais barato e mais fácil de encontrar.

A maneira mais correta de se iluminar uma cena é cruzando o foco de luz (ver figura). Se você consegue só dois refletores (ver 1 na figura) eles devem ser colocados nas extremidades da cena e cruzar no meio. Se o grupo não possui nenhum refletor, então o melhor é a gambiarra (ver 2 na figura) no teto, ou gambiarras laterais (ver 3 na figura). Existem várias maneiras de se fazer efeitos de luz, mas isto deixo para o novo diretor descobrir sozinho, através da própria experiência. Outra coisa importante na iluminação é a resistência. Resistência é um mecanismo que faz com que a luz aumente e diminua na cena. Existem resistências eletrônicas muito complicadas e caras, mas existe também uma resistência que pode ser feita com um recipiente de barro, sal e fios, muito fácil e acessível. Qualquer bom eletricista pode ensinar ao novo iluminador a maneira de se fabricar uma resistência de sal.

A sonoplastia e a música

Às vezes, o diretor da peça sente necessidade de usar música ou sonoplastia na produção de um espetáculo. O autor, ao escrever a peça, muitas vezes indica a necessidade de um fundo musical ou de efeitos de som. Quando um grupo dispõe de um compositor o ideal será fazê-lo compor música especial para a peça. Mas nem sempre isto acontece. Então, o melhor e mais barato é usar música composta. Saber usar a música também é uma arte. É preciso não deixar que a música se torne mais importante que o texto. Todos os elementos usados num espetáculo de texto devem servir a este texto, senão a ideia do autor não passa para o público. A sonoplastia é muito usada nos espetáculos de teatro. O que é sonoplastia?

Sonoplastia é o conjunto de sons, musicais ou não, usados num espetáculo. Por exemplo, para se tornar mais forte o efeito de um soco ouve-se ao mesmo tempo em que a ação se desenrola na cena uma forte batida de tambor. Um apito de trem partindo, uma buzina de carro, um latido de cão, ou sons de diferentes sonoridades para traduzir um estado de alma ou clima. A sonoplastia ideal para você, que começa a curtir, é aquela feita durante o espetáculo com tambor, pratos, caixinhas, ou qualquer coisa que faça som e possa criar um clima.

Vender a peça

PARECE ESTRANHO FALAR em vender a peça para aqueles que querem apenas fazer teatro para se divertir ou como uma atividade artística. Mesmo para um grupo amador, qualquer espetáculo de teatro, por mais simples que seja, exige algumas despesas. Por isso, não é nada mau que os que começam a fazer teatro saibam vender seu espetáculo. Assim, o futuro ator ou diretor já poderá ir sentindo as dificuldades e os prazeres de fazer teatro. Um espetáculo pode ser muito pobre e muito melhor do que qualquer produção milionária.

A pobreza desenvolve a imaginação e faz com que os diretores inventem mais, transformando cortinas velhas em cenários, sacos tingidos em trajes, latas, pedaços de metal em sons. O importante é inventar.

A peça

Uma das coisas mais difíceis para os novos grupos de teatro é encontrar um texto fácil para ser encenado. O melhor é inventar um texto. Inventar e escrever um texto para o próprio grupo pode descobrir muitos talentos para o teatro. Muita coisa boa também pode ser adaptada e isto exige do grupo um esforço de leitura. Existe uma revista, *Cadernos de Teatro,* publicada pelo Tablado, grupo que dirijo, onde os leitores podem encontrar muitas peças curtas traduzidas.

Como exemplo de texto curto e acessível, seguem-se duas peças escritas, adaptadas para serem levadas por grupos novos. *Os viajantes* pode ser representada por crianças, assim como *O médico*. Podem ser aumentadas ou diminuídas, dependendo para isto de imaginação e das possibilidades daqueles que irão encená-las.

O médico

Farsa de Luce Hinter, tirada de uma comédia de Molière , traduzida da "Collection Feu et Flamme", Éditions Fleuries, Paris.

Personagens:

Pedro, lenhador
Maria, sua mulher
O mensageiro do rei
O rei
A filha do rei

1º Ato

Cenário: Um jardim.

PEDRO, armado de um pau,
chama por MARIA.

PEDRO

Maria! Maria! Você vem ou não vem? *(Anda pelo palco, furioso.)* Maria! Ó Maria!...

Chega MARIA, *sua mulher, tremendo de medo.*

MARIA

Pronto. Aqui estou... aqui estou...

PEDRO

Onde é que você andava, mulher? Na certa, tagarelando com as comadres faladeiras como você. Venha aqui que eu lhe mostro o que é desobedecer ao marido.

Com um pau, PEDRO *bate em* MARIA.

Maria

Ui... Ui... Ui... Deixe estar, malvado, que eu me vingo. Hoje mesmo eu me vingarei.

Sai resmungando queixas.

Pedro

E agora irei à floresta arranjar um pau mais forte. Este está ficando muito usado.

Sai.

Entra o Mensageiro *do rei procurando alguém*

Mensageiro

Ó de casa! Não há ninguém aqui?

Maria *arrisca a cabeça.*

Maria

O que é que o senhor deseja?

Mensageiro

Saber se este caminho vai até a cidade.

Maria

Bem... É sim. É o caminho. Mas por que o senhor quer ir até a cidade? Fazer o quê?

Mensageiro

Você quer mesmo saber? *(Confidencial.)* Pois vou arranjar um médico para a filha do rei.

Maria

Um médico para a filha do rei! Coitada... Ela está doente?

Mensageiro

Muito doente. Está com uma espinha de peixe atravessada no gogó. Não pode nem beber nem comer!

Maria *(À parte.)*

Está na hora de eu me vingar de meu marido. *(Alto.)* Senhor mensageiro, não é preciso ir à cidade. Meu marido é um ótimo médico.

Mensageiro

É médico?

Maria

É, mas...

MENSAGEIRO
Mas, o quê?

MARIA *(Aproximando-se dele e confidencialmente.)*
Ele não irá se o senhor não lhe bater bastante. É uma mania... Quanto mais apanha, melhor médico ele fica. É assim mesmo meu marido...

MENSAGEIRO
Onde está este homem? Quero levá-lo, vivo ou morto, à presença do rei.

MARIA
Ele deve estar ali perto daquele bosque. Pode chamá-lo. O nome dele é Pedro.

MENSAGEIRO
Pedro! Pedro! Ó Pedro...

MARIA *desaparece.*

PEDRO
Quem me chama?

MENSAGEIRO
Sou eu... Venha depressa encontrar-se com o rei.

Pedro

Com o rei?! Por quê?

Mensageiro

Ora! Porque você é médico e o rei está precisando de um urgentemente.

Pedro *(Furioso.)*

Que tenho eu que o rei esteja precisando de um médico? É melhor você me deixar em paz e ir buscar o raio do médico em outro lugar.

Mensageiro

Calma, Pedro, calma. *(Aproximando-se.)* Sei que é preciso bater muito em você para... *(Bem perto.)* Chegou o momento...

O Mensageiro *começa a bater vigorosamente em* Pedro. *Este grita, esperneia, foge e depois torna a gritar.*

Pedro

Chega! Chega! Eu vou! Eu vou!...

De vez em quando aparece Maria *e dá umas risadinhas.*

MARIA

(Para o público.) Cada um por sua vez... Ha... Ha... Ha!...

MENSAGEIRO *(Batendo sempre.)*

Ande, Pedro... Para o palácio do rei. Depressa!

PANO

2° Ato

Cenário: Palácio do rei.

A Filha do rei está recostada num canto, sofrendo. O Rei anda de um lado para o outro aflitíssimo. De vez em quando para, olha a filha e suspira.

Rei

O Mensageiro está demorando muito... *(Torna a andar.)* Estou ouvindo barulho.

Mensageiro *(Falando baixo.)*

Senhor rei, eu vos trago um famoso médico: Mas ele tem uma mania esquisita. Só trata dos doentes quando apanha muito.

Neste momento, a filha começa a andar, mas cai de novo.

Rei (*Aflito.*)

Então, pau nele, depressa!

Pedro

Mas, rei, não sei nada de medicina.

Rei

Não sabe, não? Ah! *(Para o* Mensageiro.*)* Bata nele... vamos.

Pedro

Ui... ui... ui...

Ele faz gestos, contorções, de tal maneira que a filha do rei começa a rir.

Filha do rei

Ai, meu Deus! De tanto rir, a espinha saiu de minha garganta.

Pedro

Senhor rei, vossa filha já está boa. Agora deixai-me voltar para casa.

Rei *(Solene.)*

Ainda não. Ainda não. Você merece uma boa recompensa.

Pedro *(À parte.)*

Ai, será que eles vão começar a me bater de novo? *(Alto.)* Não, senhor rei. Muito obrigado. Estou muito contente de ter prestado um serviço à princesa. Agora... quero... voltar!

Rei *(Enérgico.)*

Ainda não. Mensageiro, dê a este grande médico uma bolsa cheia de ouro e o acompanhe até sua casa.

Mensageiro

Sim, senhor.

Pedro

Muito obrigado... muito obrigado. Mas prefiro que o Mensageiro não me acompanhe. Prefiro ir sozinho. *(À parte.)* Como dói a gente apanhar! Prometo nunca mais bater na Maria!

Maria *aparece, abraça* Pedro *e saem os dois muito contentes.*

FIM

Os viajantes

Personagens:

Narrador
Cantador
Maria
José
Hoteleiro
Dona de pensão
Dona de casa
Marido
Pastor
Povo

Narrador

Caras pessoas grandes e caras pessoas pequenas. Esta é uma história que aconteceu há muitos anos, mas é também uma história que continua acontecendo todos os dias. A história daqueles que fecham a sua porta e daqueles que abrem a sua porta.

É a história de um menino que queria nascer mas não encontrava lugar. Maria é o nome da mãe do menino. José é o nome do pai do menino. Eles agora estão entrando na grande cidade e procuram um lugar para o menino nascer.

Barulhos da grande cidade: buzina, conversas, gritos, vendedores ambulantes, apitos, pessoas discutindo.

Cena de trânsito: três automóveis, um guarda, um pai discutindo com o filho, três meninos batendo lata e cantando, um operário com uma britadeira e um vendedor ambulante. No meio de todos, José *e* Maria *procurando falar sem serem ouvidos. Eles se dirigem a várias pessoas, mas o barulho é tal que não são ouvidos. Lentamente a cidade vai se desmanchando e ficam em cena somente* José *e* Maria. José *puxando um burrinho.*

Vem chegando lentamente o tocador de violão cego puxado por um menino com uma flauta na mão. Os dois se dirigem ao proscênio.

MARIA
Não aguento mais, José. Estou tão cansada.

JOSÉ
Vê se aguenta mais um pouquinho, Maria. Quer sentar de novo no burrinho?

MARIA
Coitadinho! Também está muito cansado. Já andou o dia inteiro me levando nas costas, e eu levando dentro de mim o menino.

JOSÉ
Você precisa descansar. Precisamos descobrir algum lugar, Maria...

MARIA
Por que será que ninguém nos ouviu, hem, José?

JOSÉ
Ninguém pode nos ouvir nesse barulho, Maria.

Maria

Pareciam todos tão cansados.

José

Devem estar mesmo.

Maria

Será que por aí não existe nenhuma hospedaria para a gente pousar?

José

Estou vendo uma ali. Talvez a gente possa dormir lá.

Maria (*Acariciando o burrinho.*)

E o burrinho também, né?

José

Então vamos.

José *e* Maria *saem de cena. Volta a mesma cidade da primeira cena desta vez sem barulho. Enquanto todos fazem os mesmos gestos como se estivessem fazendo barulho, o* Cantador *canta.*

CANTADOR

Fugiu a alegria desta terra doidinha tirintintim que barulho, que confusão, que gritaria neste mundo doidão torontontom cadê a festa, cadê o circo, cadê o brinquedo, cadê o amor desta terra doidinha tirintintim deste mundo doidão torontontom cadê o passarinho, cadê o canto, cadê o encanto desta terra doidinha tirintintim deste mundo doidão torontontom passou a alegria tirintintim levando Maria torontontom abram a porta tirintintim deixem nascer o menino torontontom.

Acabado o canto, a cidade desaparece. O NARRADOR *traz a fachada de uma casa escrita "Pensão".*

NARRADOR

Já muito tarde da noite os dois chegaram a esta pensão.

NARRADOR *sai.*

JOSÉ

Lá está uma pensão. Que bom, Maria. Você agora vai poder descansar pro menino nascer.

Maria

Eu sabia, José. Eu sabia que eu ia encontrar um lugar.

José *bate na porta. A porta da pensão se abre e aparece a dona que coloca uma tabuleta onde se lê: "Não há mais vagas". A* Dona de pensão *torna a entrar sem olhar para* Maria *e* José.

Maria e José *(Lendo.)*

Não há mais vagas...

Maria

E agora, José?

José

Sabendo que você vai ter um bebê e que já é tão tarde da noite talvez eles possam dar um jeitinho.

José *bate na porta. A* Dona de pensão *aparece furiosa.*

Dona de pensão

Quem é?

José

Sou José e esta é Maria, minha mulher. Queremos saber se há um quarto para nós dois passarmos a noite.

Dona de pensão

Está tudo lotado, não leu a tabuleta? Não sabem ler? São cegos? Não veem que trabalhei o dia inteiro e que estou cansada e quero dormir? Não há vagas, estão ouvindo, não há vagas!

A Dona de pensão *entra na casa e traz uma tabuleta ainda maior escrita "Proibido incomodar".*

José

A senhora sabendo que Maria vai ter um filho ainda esta noite, pensamos que... talvez...

Mulher

Não tinham que pensar coisa nenhuma. Deviam era pensar que incomodar uma pobre senhora a estas horas da noite é falta de educação, estão ouvindo? Vai ter seu neném noutro lugar.

A Dona de pensão *entra e bate a porta.*

José

Que senhora malcriada.

MARIA

Devia estar muito cansada.

JOSÉ

Você deve estar mais cansada, Maria. E vai ter um menino.

Os dois saem puxando o burrinho. O NARRADOR *põe uma placa escrita "Hotel" na própria fachada da pensão. Entra a cidade muda. O* CANTADOR *torna a cantar.*
JOSÉ *e* MARIA *vêm chegando, a cidade desaparece.*

MARIA

Ai, José, acho que o meu filho já está com vontade de nascer. Não vejo a hora de descansar. E a noite está tão fria, tão escura.

JOSÉ

Vamos bater naquele hotel. Talvez aqui encontraremos pousada. Veja, não há nada escrito. *(Bate.)* Ó de casa!

MARIA

Que bom, José!

Aparece o HOTELEIRO.

Hoteleiro

Quem está aí?

José

Sou eu e minha mulher Maria que desejamos passar a noite aqui.

Hoteleiro *(Muito amável.)*

Pois não, com muito prazer, podem entrar. Onde estão as malas? Quantas noites querem passar? Quarto com banheiro, mil cruzeiros.

José

Não temos dinheiro nem malas. Só esse burrinho.

Hoteleiro

Não têm dinheiro? Então que negócio é esse de bater na porta de um hotel?

José

Não tenho dinheiro, senhor hoteleiro, mas posso fazer algum trabalho para pagar a hospedagem. Sou carpinteiro, sei fazer camas, mesas e cadeiras. Quem sabe...

HOTELEIRO

Não estamos precisando nem de camas nem de cadeiras. Só aceitamos hóspedes com dinheiro e muito.

JOSÉ

Mas minha mulher vai ter bebê esta noite e precisa descansar.

HOTELEIRO

Não tenho nada com isso. Sou comerciante e não parteiro.

O HOTELEIRO *bate a porta e entra.*

JOSÉ

Que homem mal-educado.

MARIA

Vamos, José, vamos andando, andando até encontrar alguém que queira nos receber.

Volta a cidade e o CANTADOR. *Desta vez,* MARIA *e* JOSÉ *se dirigem às pessoas que nada respondem porque estão ocupadas nas suas tarefas.*

José

Será que o senhor sabe de algum lugar...

Maria

Meu filho quer nascer. Gostaria de encontrar alguém para...

José

Não adianta, Maria. Ninguém pode nos ouvir. Vamos procurar uma casa de família.

Sai a cidade, o Narrador *coloca a tabuleta "Lar, Doce Lar".*

José *(Batendo.)*

Ó de casa!

Dona de casa *(Da janela.)*

Quem é?

José

José e Maria, dois viajantes que pedem ajuda.

Dona de casa

Ajuda a essas horas?

José

Ajuda não tem hora, minha senhora. Maria vai ter um filhinho e precisa descansar. A senhora tem um quarto?

Dona de casa

Quantos? Nós temos até três. Mas vocês estão muito sujos e mal-ajambrados para entrarem em minha casa.

Maria

É só poeira do caminho, minha senhora.

Marido *(Aparecendo.)*

Com quem você está falando, mulher?

Dona de casa

Com um casal de maltrapilhos.

Marido

Não gosto que você fale com estranhos, mulher. Vá para dentro cuidar dos nossos filhinhos, que eu mando essa gentinha embora. (Dona de casa *vai embora.*) Tomem dez cruzeiros para comprar pão e vão se embora, que estou com muito sono.

Maria

Pão nós ainda temos, meu senhor. O que precisamos agora é de um pouco de carinho.

Marido

Carinho? Estão malucos? Isso eu dou aos meus filhos. Vão se embora. Boa-noite.

José

Será que você aguenta mais um pouco, Maria?

Maria

Aguentar, eu aguento, José. Mas meu filhinho Jesus precisa nascer logo para botar amor neste mundo. Não se pode mais esperar.

José

Não sei mais para onde ir, Maria.

Maria

Estou vendo uma estrada. Quem sabe ela nos leva para um caminho onde as pessoas não são tão apressadas?

José

Então vamos.

José *e* Maria *saem de cena.*

Narrador

E eles saíram da cidade e foram caminhando para os lados onde a terra é verde e as coisas andam mais devagar.

O Narrador *coloca no meio da cena uma árvore e um banquinho.*

Cantador

Num mundo verdinho
voltou a alegria
no caminho a árvore
da árvore a sombra
na sombra Maria
a flor já se abre
na noite escura
o menino vem vindo
ele vai chegar
deixem, deixem, deixem ele passar

Vem chegando um Pastor *puxando um carneirinho.*

José

Boa-noite, pastor.

Pastor

Boa e linda noite, meu senhor.

Maria

E fria.

José

Você precisa descansar, Maria.

Maria

O menino quer nascer hoje.

Pastor *sai e volta com um banquinho.*

Pastor

Minha senhora, sente-se aqui.

Maria

Estou com fome, José.

PASTOR

Quer um pouco de leite de minhas cabras, minha senhora?

PASTOR *oferece um cantil e ela bebe.*

MARIA

Leite bom, pastor. Muito obrigada. Agora preciso descansar.

JOSÉ

Pastor, você sabe onde há uma hospedaria para meu filho nascer?

PASTOR

Hospedaria não conheço, não. Mas minha cabana está às suas ordens, minha senhora.

MARIA

E onde fica sua cabana, pastor?

PASTOR

Fica do outro lado daquela montanha.

José

Tão longe assim, pastor?

Pastor

Moro mais com minhas ovelhas debaixo das estrelas que na minha cabana, senhor.

Maria

Preciso de um abrigo, José, mais quente que as estrelas e mais perto que a cabana do pastor para o menino nascer.

José

Pastor, o menino vai nascer.

Pastor

Aqui perto tem um abrigo onde à noite se recolhem o boi e o burro. Lá tem palha que esquenta o teto para abrigar da chuva e do vento.

Maria

Então vamos lá pastor.

José

Vamos.

Saem os três.

Cantador

Num mundo verdinho
voltou a alegria
no caminho da árvore
da árvore a sombra
na sombra Maria
a flor já se abre
na noite escura
o menino vem vindo
ele vai chegar
deixem, deixem, deixem ele passar.

Narrador

E assim o pastor levou José e Maria para o estábulo onde moravam o boi e o burro. Lá em cima no céu as estrelas começaram a brilhar mais. E havia uma estrela que brilhava mais que as outras e que mostrou a todos o caminho para o estábulo.

O Narrador *abre a cortininha do fundo e aparece o presépio clássico; ouve-se somente uma flauta tocando.*

Narrador

O brilho da estrela era tão forte que a dona da pensão, o dono do hotel, a família que tinha mais de três quartos vazios e toda a cidade barulhenta vieram ver o que tinha acontecido. Todos se encheram de espanto ao verem que aquele que eles não quiseram receber era Jesus. E se arrependeram e rezaram. E nunca mais fecharam sua porta para ninguém. E cantaram em honra do Menino Deus. E vocês todos que aí estão nos vendo, não se esqueçam também de abrir a porta de suas casas quando nela bater alguém. Um dia pode ser a mãe do menino pedindo abrigo para o seu divino Filho. E nessa noite veio gente de todas as partes do mundo. Vieram e cantaram e dançaram porque estavam felizes.

Narrador *sai. Entram na cena todos os personagens cantando.*

FIM

Sobre a autora

Maria Clara Machado, a maior escritora de teatro para crianças no Brasil, nasceu em Minas Gerais, em 1921. Ainda menina foi morar no Rio de Janeiro com o pai, o escritor Aníbal Machado, e conviveu com os amigos famosos da família. Jovem muito criativa, Maria Clara fundou no Rio de Janeiro o Teatro Tablado, formando várias gerações de atores – muitos deles atuando na televisão.

Autora, atriz e diretora de peças teatrais (são 25 peças, entre elas *Pluft, o fantasminha, A bruxinha que era boa, O cavalinho azul*), trabalhou sem parar. Amava lecionar e conviver com os jovens. Viajou muito e por onde passou fez amigos. É mestra sempre lembrada com carinho.

Lançou vários livros, entre outros, a deliciosa história de *Clarinha na ilha*, publicado pelo José Olympio, em 1979. Sua obra recebeu inúmeros prêmios nacionais e teve repercussão internacional.

A aventura do teatro é um pequeno manual para aqueles que desejam montar uma peça, mas ainda não têm experiência na escolha do texto, nos ensaios ou na produção do espetáculo.

Maria Clara Machado gostava de viver e dedicou-se inteiramente ao projeto de sua vida: criar e ensinar.

Faleceu no Rio de Janeiro, em 2001.

Este livro foi impresso nas oficinas da
Distribuidora Record de Serviços de Imprensa S.A.
Rua Argentina, 171 – Rio de Janeiro, RJ
para a Editora José Olympio Ltda.
em agosto de 2011

*

79º aniversário desta Casa de livros, fundada em 29.11.1931